Impressum
Verlag: BABADADA GmbH, Nedderfeld 112 , 22529 Hamburg
Geschäftsführer / Verlagsleitung: Harald Hof
Druck: Books on Demand GmbH, In de Tarpen 42, 22848 Norderstedt

Imprint
Publisher: BABADADA GmbH, Nedderfeld 112 , 22529 Hamburg, Germany
Managing Director / Publishing direction: Harald Hof
Print: Books on Demand GmbH, In de Tarpen 42, 22848 Norderstedt

escuela
l'école

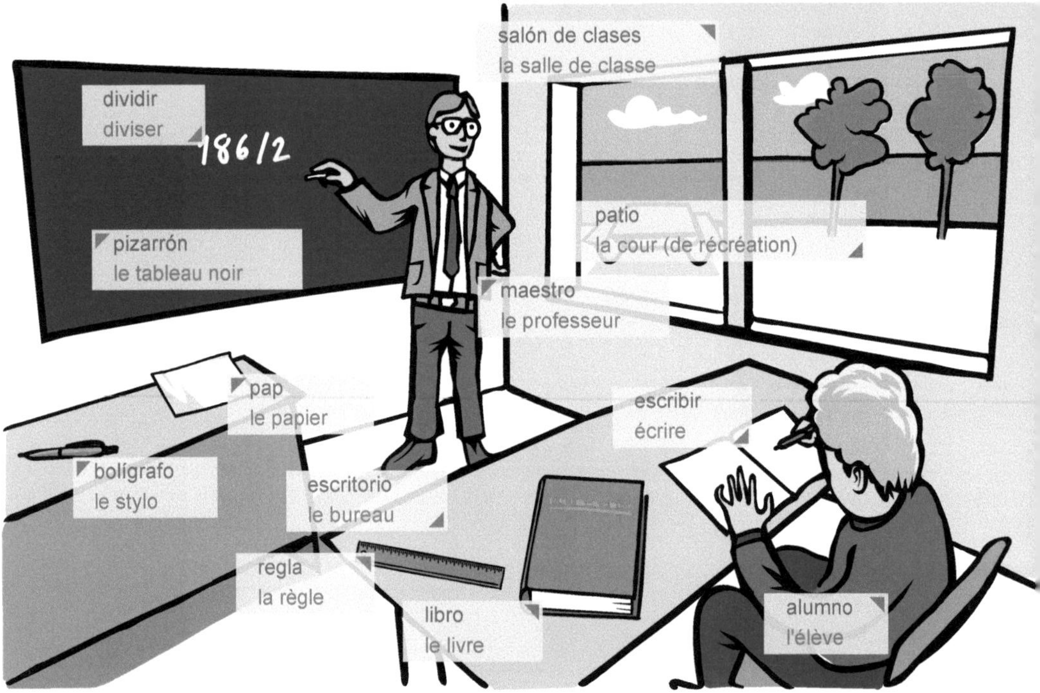

salón de clases
la salle de classe
dividir
diviser
186/2
pizarrón
le tableau noir
patio
la cour (de récréation)
maestro
le professeur
pap
le papier
escribir
écrire
bolígrafo
le stylo
escritorio
le bureau
regla
la règle
libro
le livre
alumno
l'élève

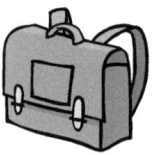

mochila

le cartable

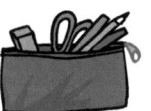

caja de lápices

la trousse

lápiz

le crayon

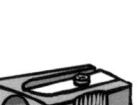

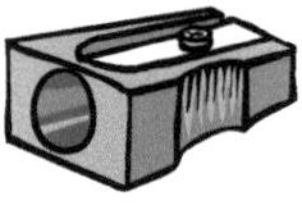

sacapuntas

le taille-crayon

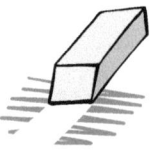

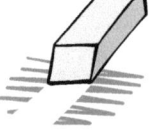

goma de borrar

la gomme

bloc de dibujo

le carnet à dessin

dibujo

le dessin

pincel

le pinceau

caja de lápices de color

la boîte de peinture

tijeras

les ciseaux

pegamento

la colle

libro de ejercicios

le cahier d'exercices

tarea

les devoirs

número

le chiffre

sumar

additionner

restar

soustraire

multiplicar

multiplier

calcular

calculer

letra

la lettre

alfabeto

l'alphabet

palabra

le mot

texto

le texte

leer

lire

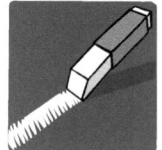

tiza

la craie

lección

la leçon

cuaderno de clase

le livre de classe

examen

l'examen

certificado

le certificat

uniforme

l'uniforme scolaire

educación

la formation

enciclopedia

le lexique

universidad

l'université

microscopio

le microscope

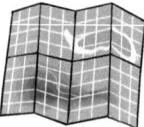

mapa

la carte

bote de basura

la corbeille à papier

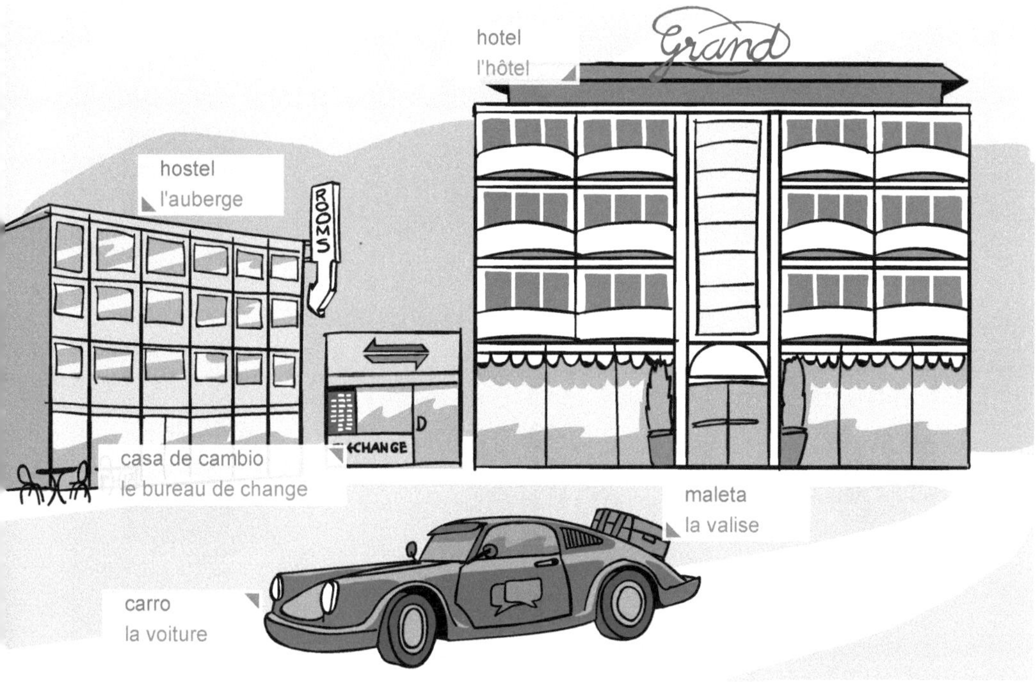

hotel
l'hôtel
Grand
hostel
l'auberge
ROOMS
casa de cambio
le bureau de change
maleta
la valise
carro
la voiture

idioma

la langue

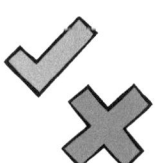

sí / no

oui / non

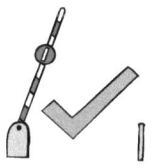

Órale

d'accord

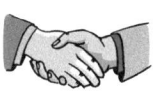

hola

Salut

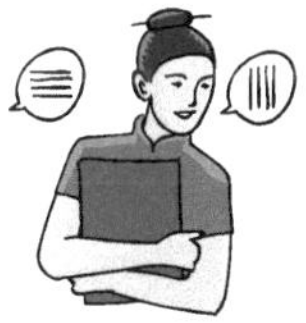

traductor

l'interprète

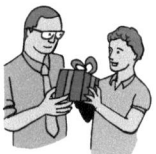

Gracias

merci

¿cuánto cuesta...?

Combien coûte...?

No entiendo

Je ne comprends pas

problema

le problème

¡Buenas tardes!

Bonsoir !

¡Buenos días!

Bonjour !

¡Buenas noches!

Bonne nuit !

adiós

Au revoir

dirección

la direction

equipaje

les bagages

bolsa

le sac

mochila

le sac-à-dos

invitado

l'hôte

recámara

la pièce

bolsa de dormir

le sac de couchage

tienda de campaña

la tente

información turística

l'office de tourisme

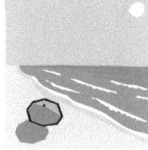

playa

la plage

tarjeta de crédito

la carte de crédit

desayuno

le petit-déjeuner

almuerzo

le déjeuner

cena

le dîner

billete

le billet

ascensor

l'ascenseur

sello

le timbre

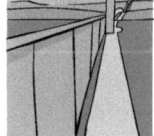

frontera

la frontière

aduana

la douane

embajada

l'ambassade

visa

le visa

pasaporte

le passeport

avión
l'avion

barco
le navire

camión de bomberos
le véhicule de pompiers

camión
le camion

autobús
le bus

lancha a motor
bateau à moteur

carro
la voiture

bicicleta
la bicyclette

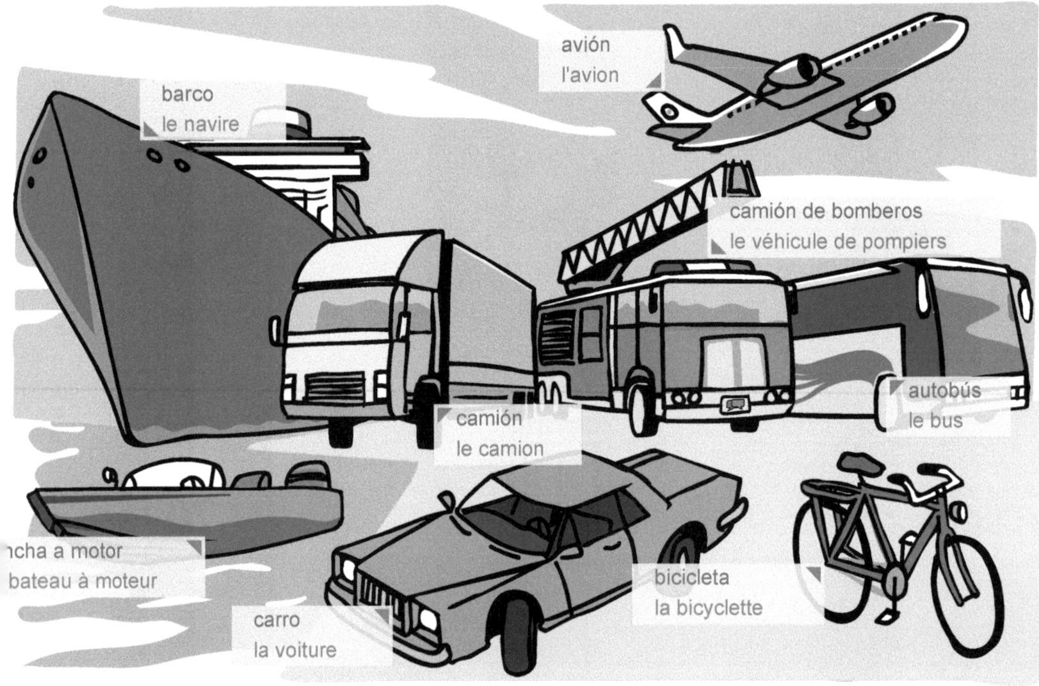

ferry
le ferry

bote
la barque

motocicleta
la moto

patrulla
la voiture de police

coche de carreras
la voiture de course

auto para rentar
la voiture de location

8   transporte - le transport

renta de autos

l'auto-partage

grúa

la voiture de remorquage

camión recolector de basura

la benne à ordures

motor

le moteur

gasolina

l'essence

gasolinera

la station d'essence

señal de tráfico

le panneau indicateur

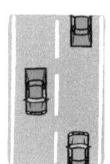

tránsito

le trafic

embotellamiento

l'embouteillage

aparcamiento

le parking

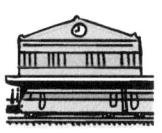

estación de tren

la gare

vías

les rails

tren

le train

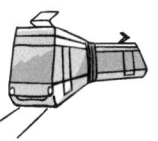

tranvía

le tramway

vagón

le wagon

helicóptero

l'hélicoptère

aeropuerto

l'aéroport

torre

la tour

pasajero

le passager

contenedor

le conteneur

caja de cartón

le carton

carretilla

le chariot

cesta

la corbeille

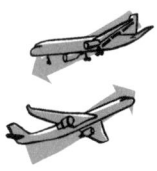

despegar / aterrizar

décoller / atterrir

ciudad

la ville

pueblo

le village

centro de ciudad

le centre-ville

casa

la maison

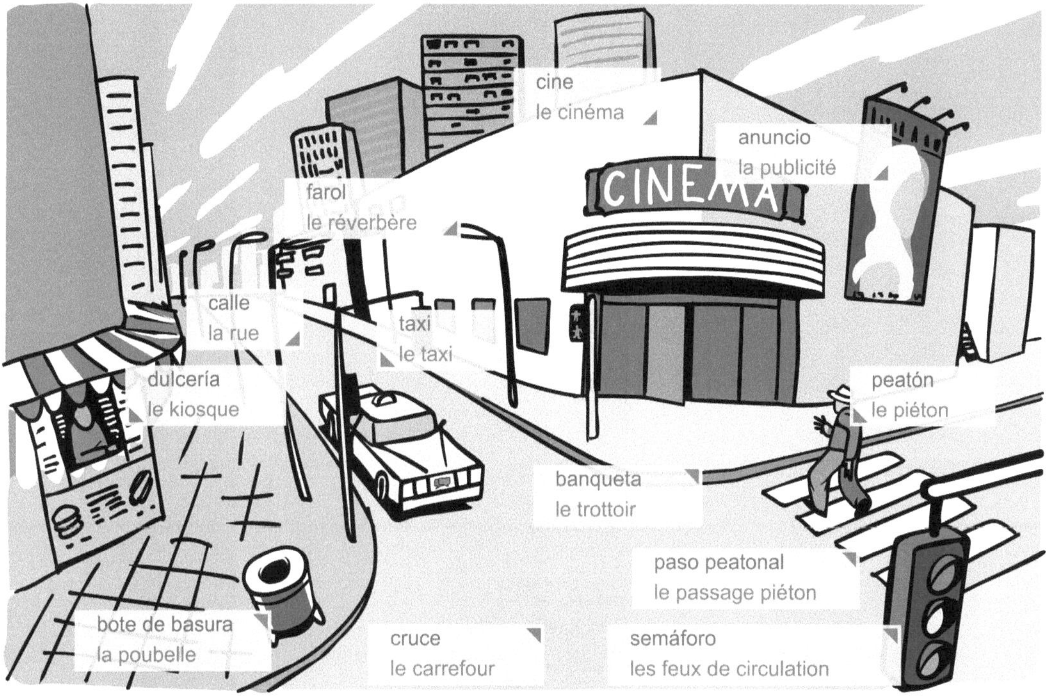
cine
le cinéma
anuncio
la publicité
CINEMA
farol
le réverbère
calle
la rue
taxi
le taxi
dulcería
le kiosque
peatón
le piéton
banqueta
le trottoir
paso peatonal
le passage piéton
bote de basura
la poubelle
cruce
le carrefour
semáforo
les feux de circulation

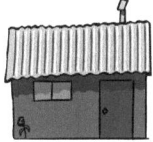

cabaña

la cabane

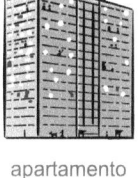

apartamento

l'appartement

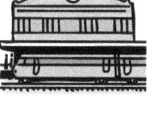

estación de tren

la gare

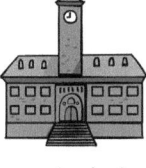

ayuntamiento

la mairie

MUSEUM

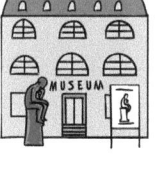

museo

le musée

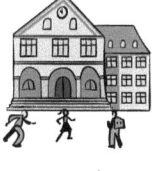

escuela

l'école

universidad

l'université

banco

la banque

hospital

l'hôpital

hotel

l'hôtel

farmacia

la pharmacie

oficina

le bureau

librería

la librairie

tienda

le magasin

florería

le fleuriste

supermercado

le supermarché

mercado

le marché

grandes tiendas

le grand magasin

pescadería

la poissonnerie

centro comercial

le centre commercial

puerto

le port

parque

le parc

banco

la banque

puente

le pont

escaleras

les escaliers

metro

le métro

túnel

le tunnel

parada de autobús

l'arrêt de bus

bar

le bar

restaurante

le restaurant

buzón

la boîte à lettres

letrero

le panneau indicateur

parquímetro

le parcmètre

zoológico

le zoo

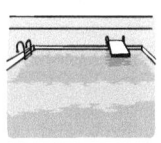

alberca

le réverbère

mezquita

la mosquée

granja

la ferme

contaminación

la pollution

cementerio

la cimetière

iglesia

l'église

área de niños

l'aire de jeux

templo

le temple

paisaje

le paysage

hoja
la feuille

señal
le panneau indicateur

camino
le chemin

pradera
le pré

piedra
la pierre

caminante
le randonneur

árbol
l'arbre

río
la rivière

pasto
l'herbe

flor
la fleur

valle

la vallée

montaña

la montagne

lago

le lac

bosque

la forêt

desierto

le désert

volcán

le volcan

castillo

le château

arco iris

l'arc-en-ciel

champiñón

le champignon

palmera

le palmier

mosquito

le moustique

mosca

la mouche

hormiga

les fourmis

abeja

l'abeille

araña

l'araignée

escarabajo
le coléoptère

rana
la grenouille

ardilla
l'écureuil

erizo
le hérisson

liebre
le lièvre

lechuza
la chouette

pájaro
l'oiseau

cisne
le cygne

jabalí
le sanglier

ciervo
le cerf

alce
l'élan

embalse
le barrage

turbina eólica
l'éolienne

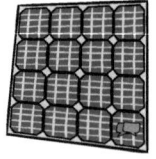

pansolar
le panneau solaire

clima
le climat

restaurante

le restaurant

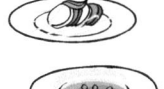

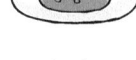

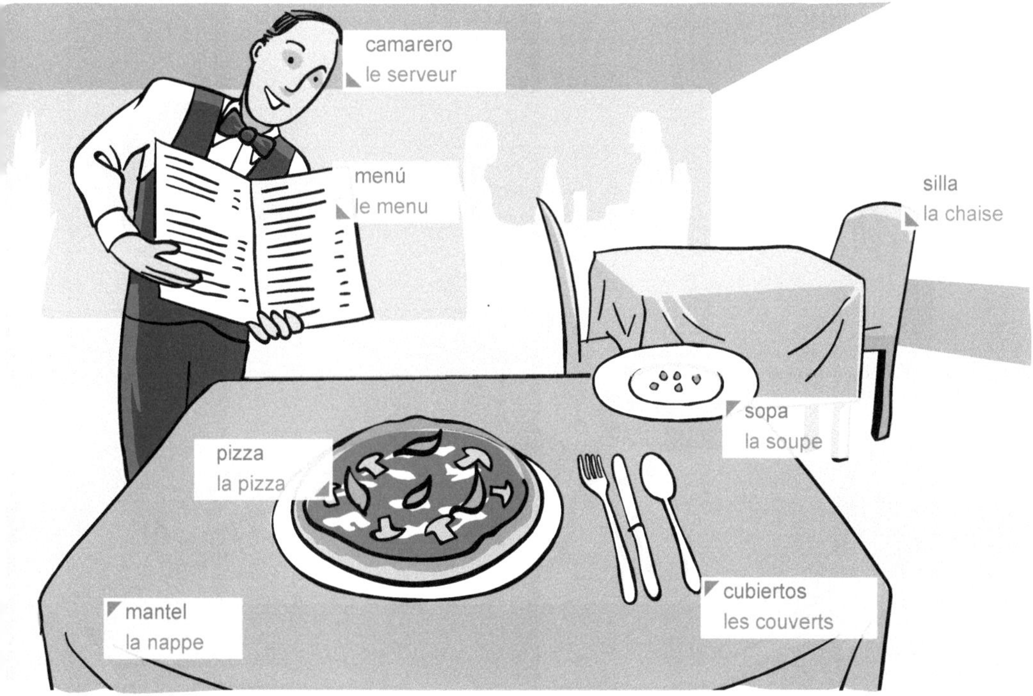
camarero
le serveur
menú
le menu
silla
la chaise
sopa
la soupe
pizza
la pizza
cubiertos
les couverts
mantel
la nappe

entrada

les hors d'œuvre

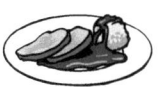

plato fuerte

le plat principal

postre

le dessert

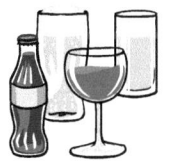

bebidas

les boissons

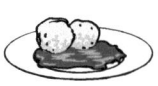

comida

l'alimentation

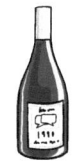

botella

la bouteille

comida rápida

le fast-food

comida de calle

les plats à emporter

tetera

la théière

azucarera

le sucrier

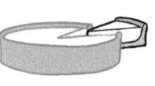

porción

la portion

cafetera espresso

la machine à expresso

periquera

la chaise haute

cuenta

la facture

charola

le plateau

cuchillo

le couteau

tenedor

la fourchette

cuchara

la cuillère

cuchara de té

la cuillère à thé

servilleta

la serviette

vaso

le verre

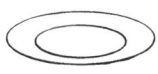

plato

l'assiette

plato hondo

l'assiette à soupe

plato

la soucoupe

salsa

la sauce

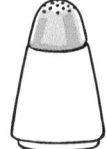

salero

la salière

molino para pimienta

le moulin à poivre

vinagre

le vinaigre

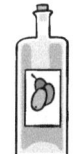

aceite

l'huile

especias

les épices

kétchup

le ketchup

mostaza

la moutarde

mayonesa

la mayonnaise

supermercado
le supermarché

oferta especial
l'offre promotionnelle
FOR
cliente
le client
productos lácteos
les produits laitiers
fruta
les fruits
carrito para compras
le chariot

BUTCHERS

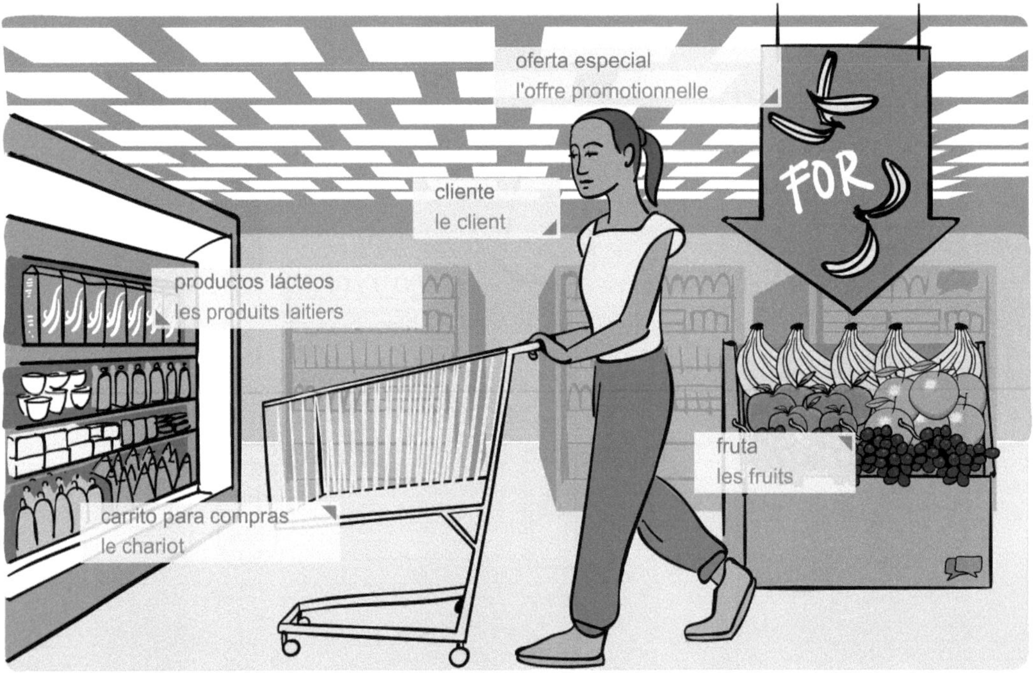

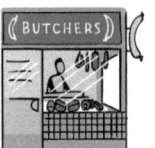

carnicería

la boucherie

BAKERY

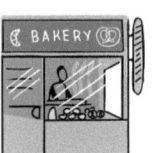

panadería

la boulangerie

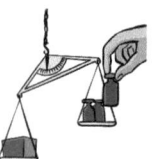

pesar

peser

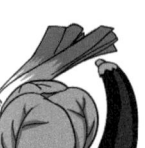

vegetales

les légumes

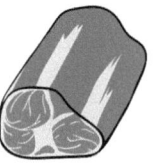

carne

la viande

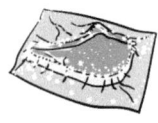

alimentos congelados

les aliments surgelés

carnes frías
la charcuterie

alimentos enlatados
les conserves

detergente en polvo
la poudre à lessive

dulces
les bonbons

electrodomésticos
les articles ménagers

productos de limpieza
les détergents

vendedora
la vendeuse

caja
la caisse

cajero
le caissier

lista de compras
la liste d'achats

horario de atención al
público
les heures d'ouverture

cartera
le portefeuille

tarjeta de crédito
la carte de crédit

bolsa
le sac

bolsa de plástico
le sac en plastique

agua

l'eau

jugo

le jus de fruit

leche

le lait

refresco de cola

le coca

vino

le vin

cerveza

la bière

alcohol

l'alcool

cacao

le chocolat chaud

té

le thé

café

le café

espresso

l'expresso

cappuccino

le cappuccino

plátano

la banane

manzana

la pomme

naranja

l'orange

melón

le melon

limón

le citron.

zanahoria

la carotte

ajo

l'ail

bambú

le bambou

cebolla

l'oignon

champiñón

le champignon

nueces

les noisettes

fideos

les pâtes

espaguetis

les spaghetti

arroz

le riz

ensalada

la salade

patatas fritas

les pommes frites

patatas fritas

les pommes de terre rôties

pizza

la pizza

hamburguesa

le hamburger

emparedado

le sandwich

filete

l'escalope

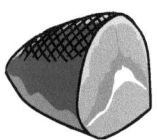

jamón

le jambon

salami

le salami

salchicha

la saucisse

pollo

le poulet

asado

le rôti

pescado

le poisson

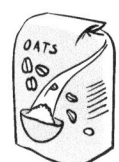

copos de avena

les flocons d'avoine

muesli

le muesli

copos de maíz

les cornflakes

harina

la farine

cuernito

le croissant

bolillo

les petits-pains

pan

le pain

tostada

le pain grillé

galletas

les biscuits

mantequilla

le beurre

cuajada

le fromage blanc

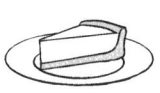

pastel

le gâteau

huevo

l'œuf

huevo frito

l'œuf au plat

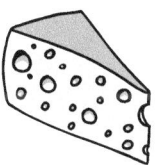

queso

le fromage

helado

la glace

azúcar

le sucre

miel

le miel

mermelada

la confiture

crema de chocolate

la crème nougat

curry

le curry

granja
la ferme

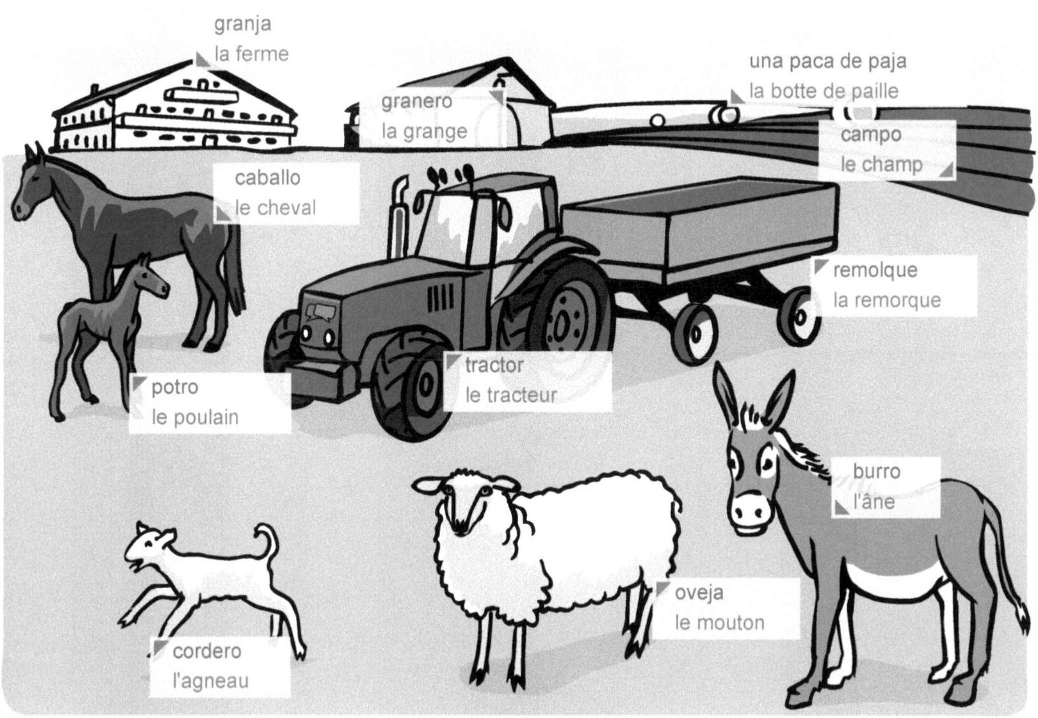
granja
la ferme
una paca de paja
la botte de paille
granero
la grange
campo
le champ
caballo
le cheval
remolque
la remorque
tractor
le tracteur
potro
le poulain
burro
l'âne
oveja
le mouton
cordero
l'agneau

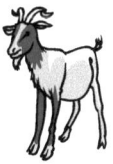

cabra

la chèvre

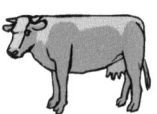

vaca

la vache

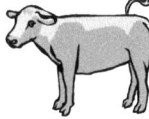

ternero

le veau

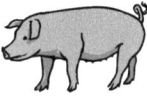

cerdo

le porc

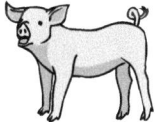

lechón

le porcelet

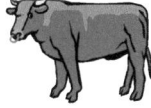

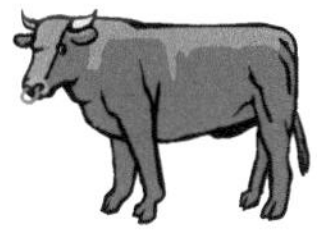

toro

le taureau

ganso

l'oie

pato

le canard

pollo

le poussin

gallina

la poule

gallo

le coq

rata

le rat

gato

le chat

ratón

la souris

buey

le bœuf

perro

le chien

casa dperro

le chenil

manguera

le tuyau de jardin

regadera

l'arrosoir

guadaña

la faucheuse

arado

la charrue

hoz

la faucille

azadón

la pioche

horquilla

la fourche

hacha

la hache

carretilla

la brouette

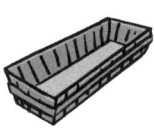

bebedero

la cuve

bote de leche

le pot à lait

saco

le sac

valla

la clôture

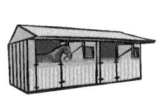

establo

l'étable

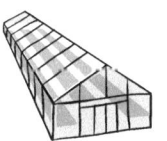

invernadero

le serre

suelo

le sol

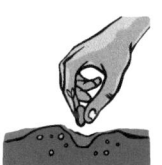

semilla

les semences

fertilizador

l'engrais

cosechadora

la moissonneuse-batteuse

cosechar

récolter

cosecha

la récolte

camote

l'igname

trigo

le blé

soja

le soja

patata

la pomme de terre

maíz

le maïs

semilde colza

le colza

árbol frutal

l'arbre fruitier

mandioca

le manioc

cereales

les céréales

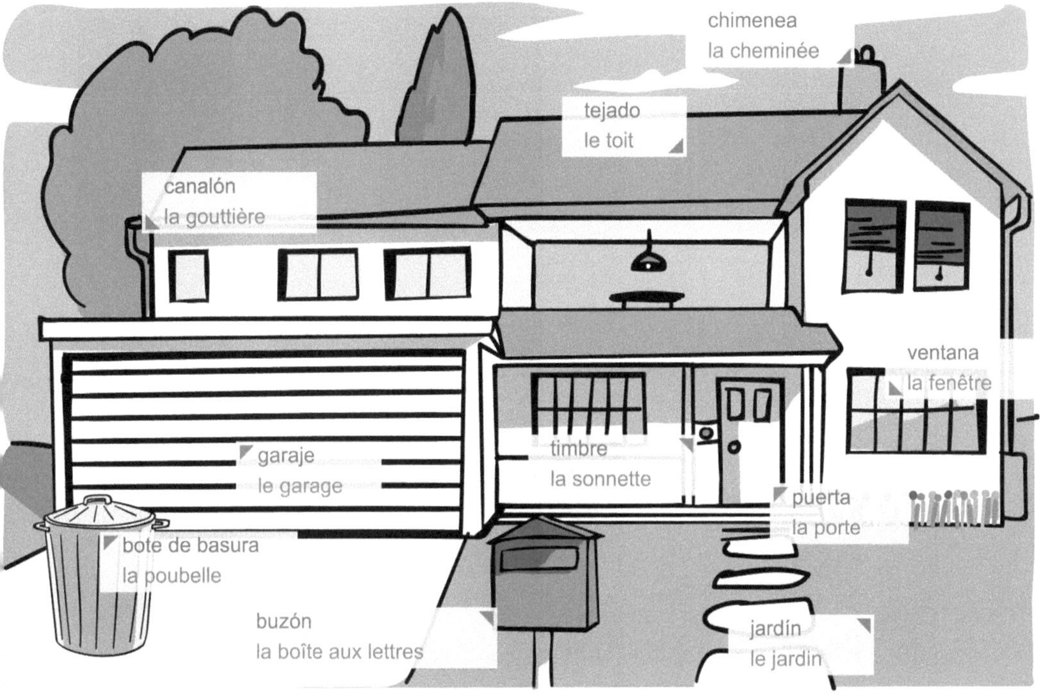

chimenea
la cheminée

tejado
le toit

canalón
la gouttière

ventana
la fenêtre

garaje
le garage

timbre
la sonnette

puerta
la porte

bote de basura
la poubelle

buzón
la boîte aux lettres

jardín
le jardin

estancia
le salon

baño
la salle de bain

cocina
la cuisine

recámara
la chambre à coucher

recámara de los niños
la chambre d'enfant

comedor
la salle à manger

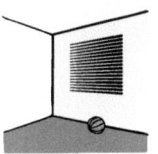

suelo
le sol

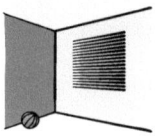

pared
le mur

techo
le plafond

sótano
la cave

sauna
le sauna

balcón
le balcon

terraza
la terrasse

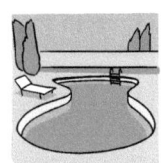

alberca
la piscine

cortacésped
la tondeuse à gazon

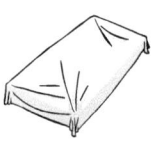

sábana
la housse

colcha
la couette

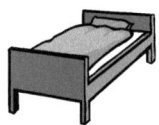

cama
le lit

escoba
le balai

balde
le sceau

interruptor
l'interrupteur

estancia
le salon

pappara empapelar
le papier peint
imagen
l'image
lámpara
la lampe
estante
l'étagère
alacena
l'armoire
televisión
la télé
chimenea
la cheminée
flor
la fleur
cojín
le coussin
sofá
le sofa
florero
le vase
control remoto
la télécommande

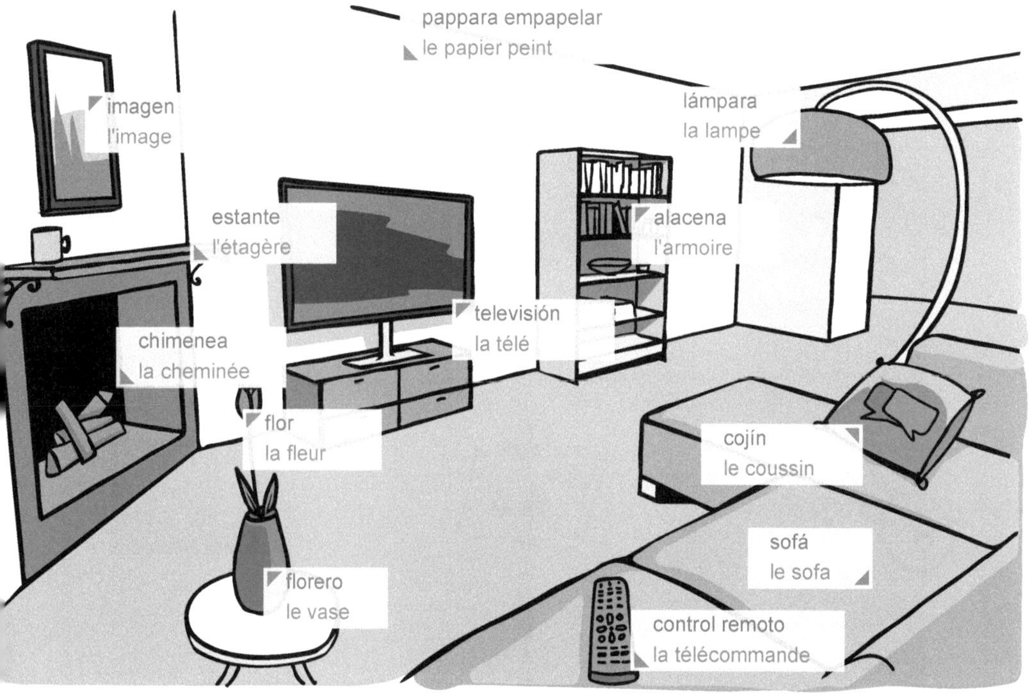

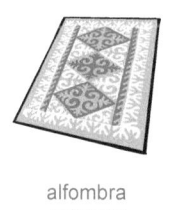

alfombra

le tapis

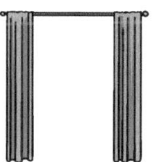

cortina

le rideau

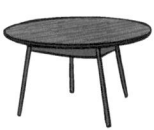

mesa

la table

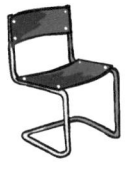

silla

la chaise

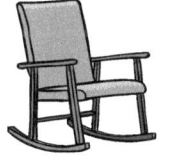

mecedora

la chaise à bascule

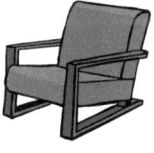

sillón

le fauteuil

libro

le livre

frazada

la couverture

decoración

la décoration

leña

le bois de chauffage

película

le film

equipo de música

la chaîne hi-fi

llave

la clé

periódico

le journal

pintura

la peinture

póster

le poster

radio

la radio

cuaderno

le bloc-notes

aspiradora

l'aspirateur

cactus

le cactus

vela

la bougie

cocina
la cuisine

refrigerador
le réfrigérateur
microondas
le four à micro-ondes
báscude cocina
la balance de cuisine
tostadora
le grille-pain
detergente
le détergent
horno
le four
congelador
le compartiment congélateur
bote de basura
la poubelle
lavavajillas
le lave-vaisselle

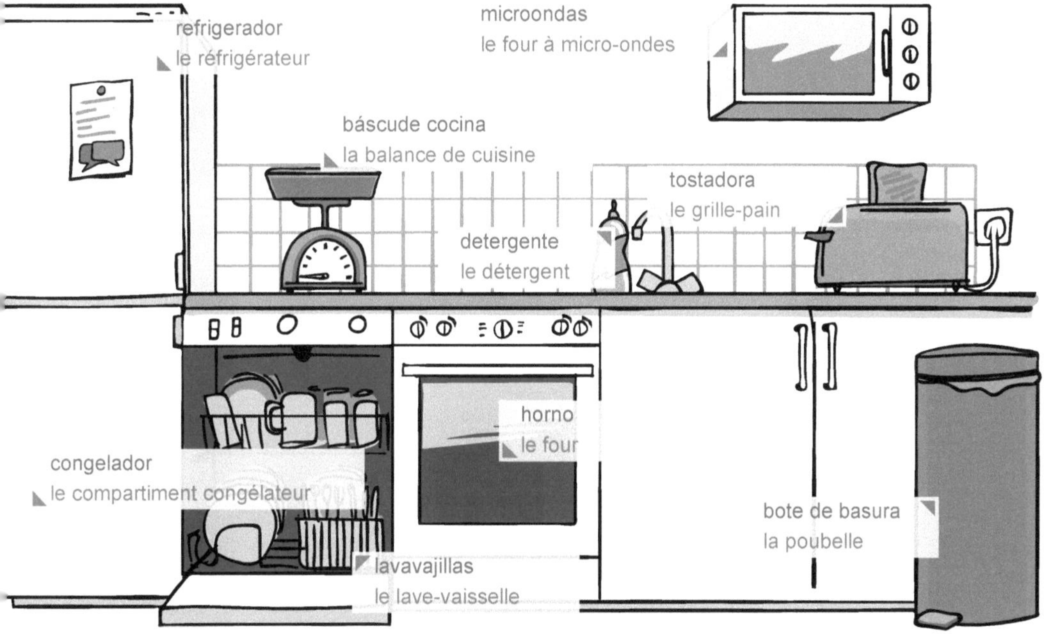

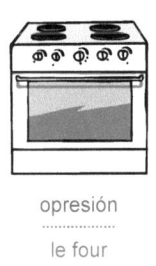

opresión
....
le four

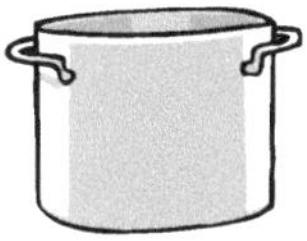

olla
....
la casserole

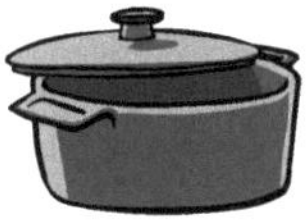

olde hierro fundido
....
la marmite

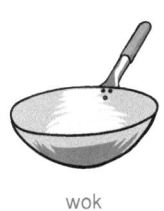

wok
....
le wok / kadai

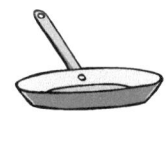

sartén
....
la poêle

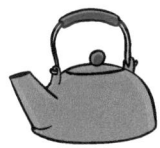

hervidor
....
la bouilloire electrique

vaporera

le cuiseur vapeur

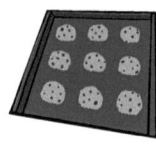

charode horno

la plaque de cuisson

loza

la vaisselle

taza

le gobelet

bol

la coupe

palillos

les baguettes

cucharón

la louche

espátula

la spatule

batidora

le fouet

colador

la passoire

colador

le tamis

rallador

la râpe

mortero

le mortier

barbacoa

le barbecue

fogata

la cheminée

tabpara picar

la planche à découper

rodillo para amasar

le rouleau à pâtisserie

sacacorchos

le tire-bouchon

lata

la boîte

abrelatas

l'ouvre-boîte

guante de cocina

les maniques

fregadero

le lavabo

cepillo

la brosse

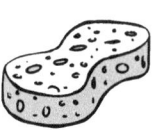

esponja

l'éponge

batidora

le mixeur

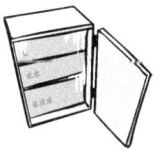

congelador

le congélateur

biberón

le biberon

llave

le robinet

baño
la salle de bain

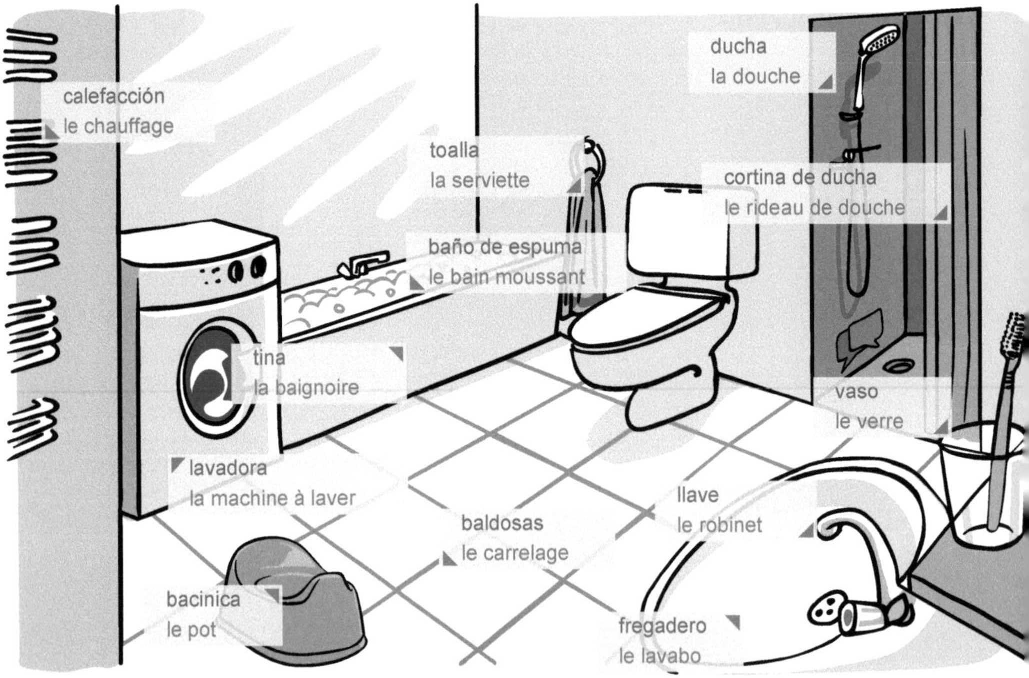

ducha
la douche
calefacción
le chauffage
toalla
la serviette
cortina de ducha
le rideau de douche
baño de espuma
le bain moussant
tina
la baignoire
vaso
le verre
lavadora
la machine à laver
llave
le robinet
baldosas
le carrelage
bacinica
le pot
fregadero
le lavabo

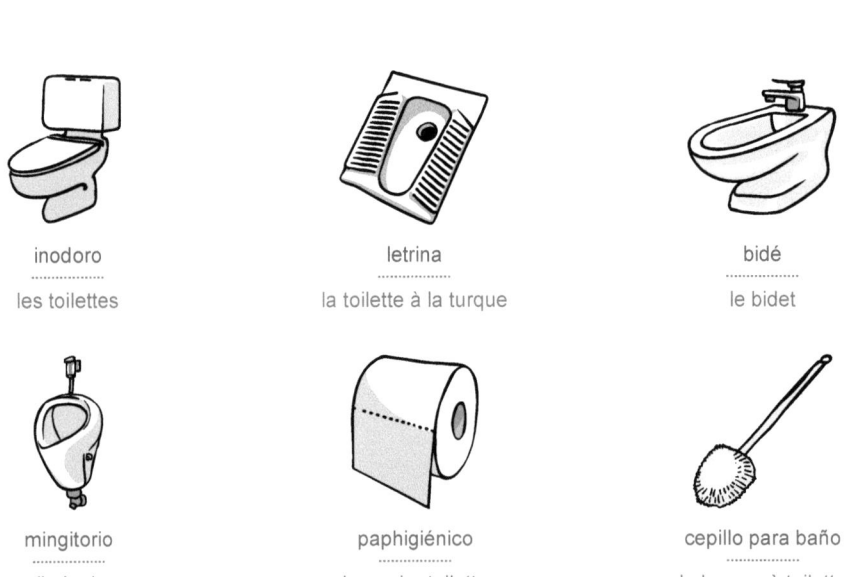

inodoro
les toilettes

letrina
la toilette à la turque

bidé
le bidet

mingitorio
l'urinoir

paphigiénico
le papier toilette

cepillo para baño
la brosse à toilette

cepillo de dientes

la brosse à dents

pasta dental

le dentifrice

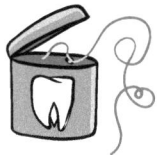

hilo dental

le fil dentaire

lavar

laver

ducha de mano

la douche manuelle

ducha vaginal

la douche intime

fregadero

la vasque

cepillo de espalda

la brosse dorsale

jabón

le savon

gde ducha

le gel douche

champú

le shampooing

toallita

le gant de toilette

drenaje

l'écoulement

crema

la crème

desodorante

le déodorant

espejo

le miroir

espejo de tocador

le miroir cosmétique

máquina para afeitar

le rasoir

espuma de afeitar

la mousse à raser

loción para después de afeitar

l'après-rasage

peine

la peigne

cepillo

la brosse

secadora

le sèche-cheveux

laca

la laque pour cheveux

maquillaje

le fond de teint

lápiz labial

le rouge à lèvres

esmalte para uñas

le vernis à ongles

algodón

l'ouate

tijeras para uñas

le coupe-ongles

perfume

le parfum

estuche para cosméticos

la trousse de toilette

taburete

le tabouret

báscula

le pèse-personne

bata

le peignoir

guantes de goma

les gants de nettoyage

tampón

le tampon

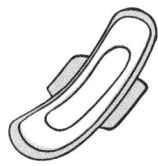

toalsanitaria

les serviettes hygiéniques

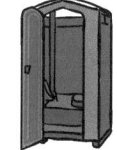

baño móvil

la toilette chimique

recámara de los niños

la chambre d'enfant

despertador
le réveil
peluche
le doudou
carro de juguete
la voiture jouet
sonaja
le hochet
casa de muñecas
la maison de poupée
regalo
le cadeau

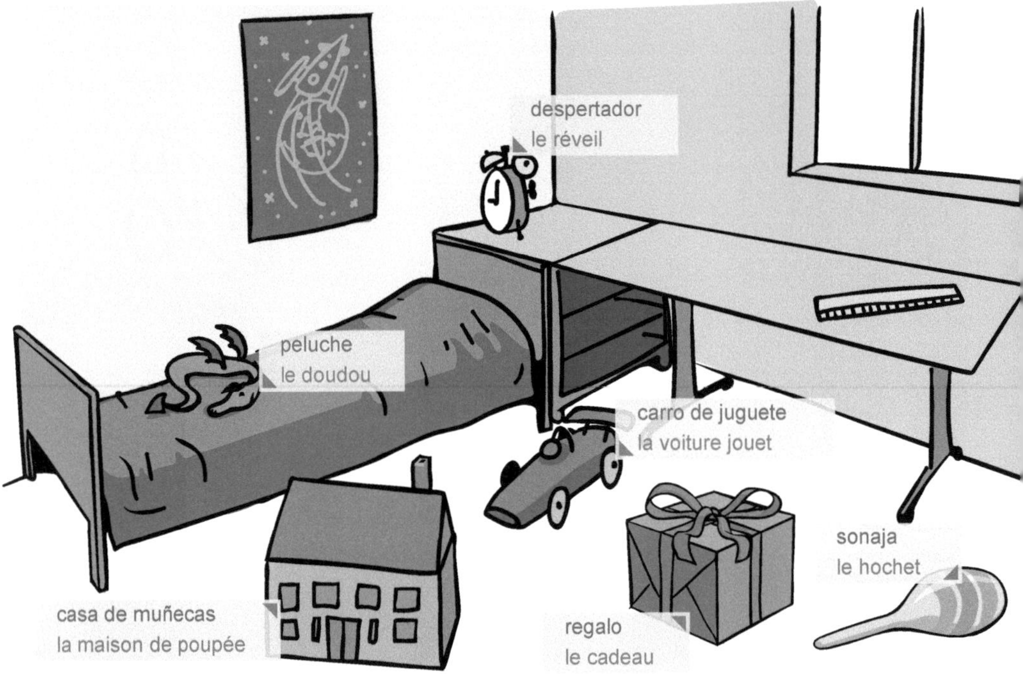

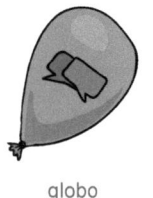

globo

le ballon

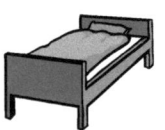

cama

le lit

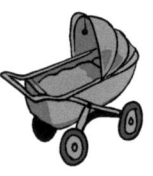

carriola

la poussette

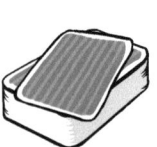

cartas

le jeu de cartes

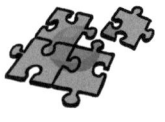

rompecabezas

le puzzle

SUPER
MEGA

cómic

la bande dessinée

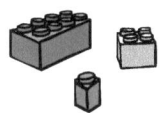

piezas de lego

les pièces lego

bloques para jugar

les blocs de construction

figura de acción

la figurine

mameluco

la grenouillère

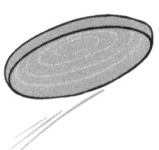

frisbee

le frisbee

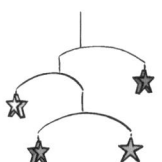

móvil para bebés

le mobile

juego de mesa

le jeu de société

dados

le dé

tren eléctrico

le train miniature

maniquí

la sucette

fiesta

la fête

álbum de fotos

le livre d'images

balón

la balle

muñeca

la poupée

jugar

jouer

arenero

le bac à sable

columpio

la balançoire

juguetes

les jouets

consode videojuegos

la console de jeu

triciclo

le tricycle

oso de peluche

l'ours en peluche

clóset

l'armoire

ropa
les vêtements

calcetines

les chaussettes

pantimedias

les bas

mallas

le collant

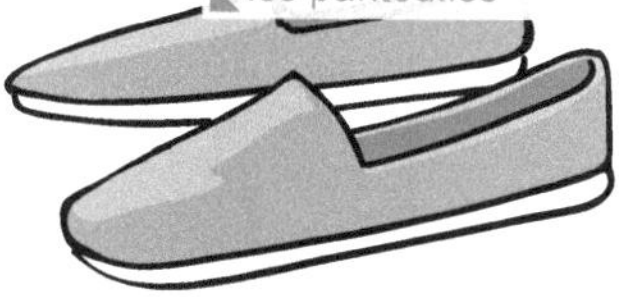

bufanda
l'écharpe

paraguas
le parapluie

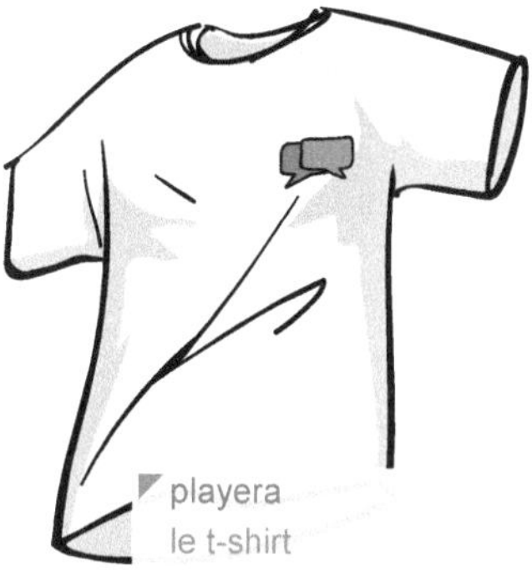

playera
le t-shirt

cinto
la ceinture

chanclas
les pantoufles

botas
les bottes

tenis
les baskets

sandalias
....
les sandales

zapatos
....
les chaussures

botas de goma
....
les bottes de caoutchouc

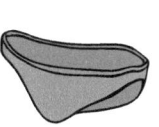

ropa interior
....
les sous-vêtements

brasier
....
le soutien-gorge

chaleco
....
le maillot de corps

body
le body

pantalones
le pantalon

pantalones de mezclilla
le jean

falda
la jupe

blusa
le chemisier

camisa
la chemise

suéter
le pull

sudadera
le sweat à capuche

saco sport
la veste

chamarra
la veste

abrigo
le manteau

impermeable
l'imperméable

traje
le costume

vestido
la robe

vestido de novia
la robe de mariée

ropa - les vêtements

traje

le costume

camisón

la chemise de nuit

pijama

le pyjama

sari

le sari

pañuelo para cabeza

le foulard

turbante

le turban

burka

la burqa

caftán

le caftan

abaya

l'abaya

traje de baño

le maillot de bain

short de baño

le maillot de bain

shorts

le short

pants

la tenue d'entraînement

delantal

le tablier

guantes

les gants

botón

le bouton

gafas

les lunettes

brazalete

le bracelet

collar

le collier

anillo

la bague

arete

la boucle d'oreille

gorra

le bonnet

gancho

le cintre

sombrero

le chapeau

corbata

la cravate

cierre

la fermeture éclair

casco

le casque

tirantes

les bretelles

uniforme

l'uniforme scolaire

uniforme

l'uniforme

babero

le bavoir

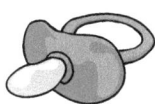

maniquí

la sucette

pañal

la lange

oficina
le bureau

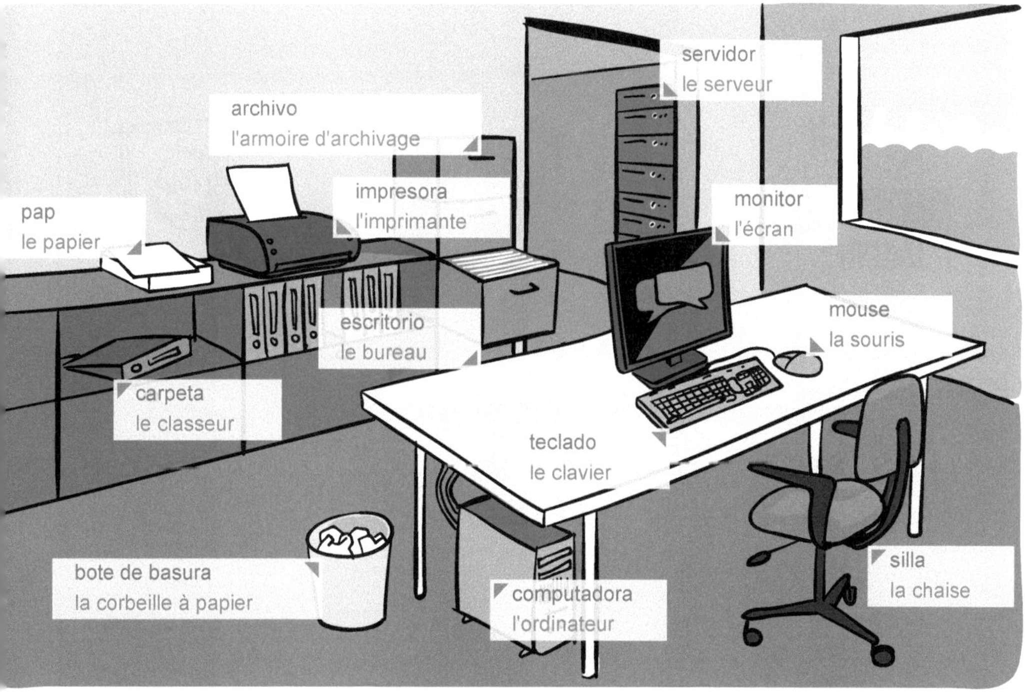

servidor
le serveur

archivo
l'armoire d'archivage

impresora
l'imprimante

monitor
l'écran

pap
le papier

escritorio
le bureau

mouse
la souris

carpeta
le classeur

teclado
le clavier

bote de basura
la corbeille à papier

silla
la chaise

computadora
l'ordinateur

taza de café

la tasse de café

calculadora

la calculatrice

internet

l'internet

notebook

l'ordinateur portable

carta

la lettre

mensaje

le message

móvil

le portable

red

le réseau

fotocopiadora

la photocopieuse

software

le logiciel

teléfono

le téléphone

tomacorriente

la prise

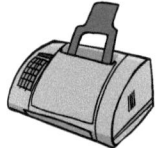

fax

le fax

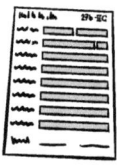

formulario

le formulaire

documento

le document

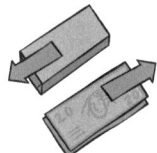

comprar

acheter

pagar

payer

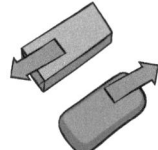

hacer negocios

faire du commerce

dinero

la monnaie

dólar

le dollar

euro

l'euro

yen

le yen

rublo

le rouble

franco suizo

le franc suisse

yuan

le renminbi yuan

rupia

la roupie

cajero automático

le distributeur automatique

casa de cambio

le bureau de change

oro

l'or

plata

l'argent

petróleo

le pétrole

energía

l'énergie

precio

le prix

contrato

le contrat

impuesto

la taxe

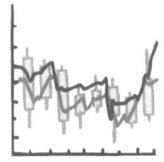

acción

l'action

trabajar

travailler

empleado

l'employé

empleador

l'employeur

fábrica

l'usine

tienda

le magasin

ocupaciones
les professions

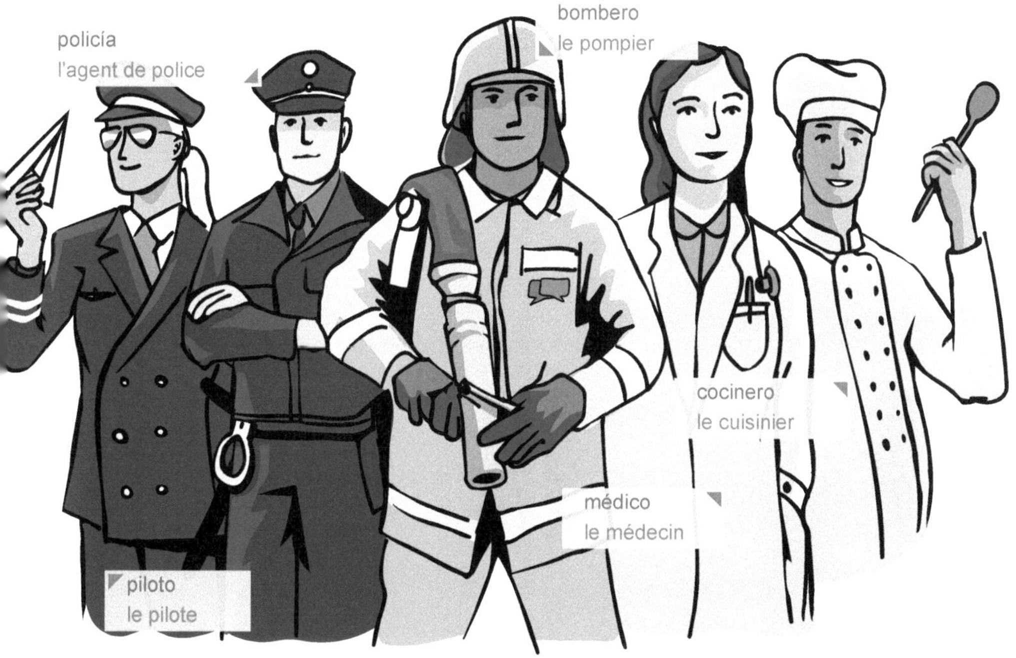

policía
l'agent de police
bombero
le pompier
cocinero
le cuisinier
médico
le médecin
piloto
le pilote

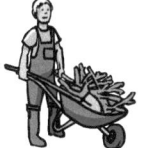

jardinero

le jardinier

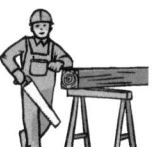

carpintero

le menuisier

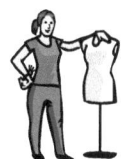

costurera

la couturière

juez

le juge

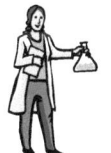

farmacéutico

le chimiste

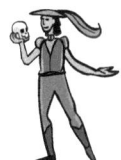

actor

l'acteur

conductor de autobús

le conducteur de bus

taxista

le chauffeur de taxi

pescador

le pêcheur

señora de limpieza

la femme de ménage

instalador de techos

le couvreur

camarero

le serveur

cazador

le chasseur

pintor

le peintre

panadero

le boulanger

electricista

l'électricien

obrero

l'ouvrier

ingeniero

l'ingénieur

carnicero

le boucher

plomero

le plombier

cartero

le facteur

soldado

le soldat

arquitecto

l'architecte

cajero

le caissier

florista

le fleuriste

peluquero

le coiffeur

cobrador

le contrôleur

mecánico

le mécanicien

capitán

le capitaine

dentista

le dentiste

científico

le scientifique

rabino

le rabbin

imán

l'imam

monje

le moine

sacerdote

le prêtre

herramientas
les outils

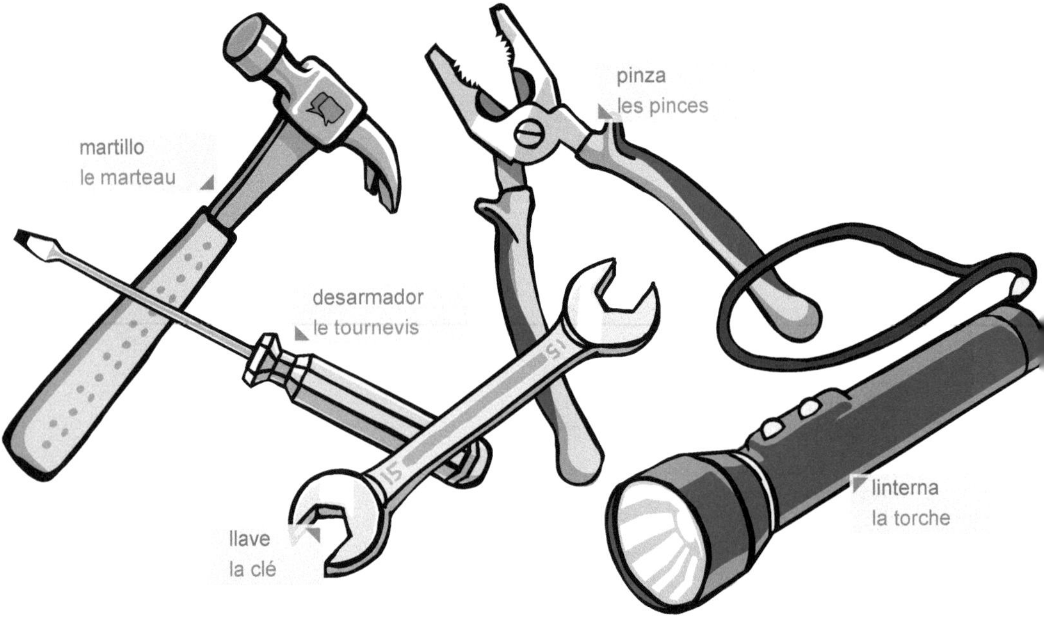
pinza
les pinces
martillo
le marteau
desarmador
le tournevis
linterna
la torche
llave
la clé

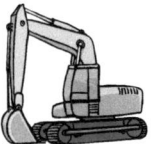

excavadora

la pelleteuse

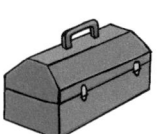

caja de herramientas

la boîte à outils

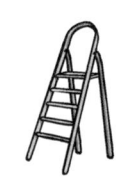

escalera de mano

l'échelle

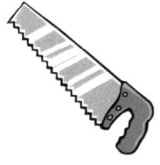

sierra

la scie

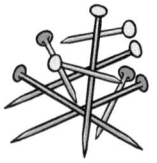

clavos

les clous

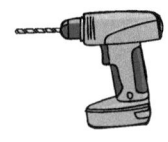

taladro

la perceuse

reparar

réparer

pala

la pelle

¡Maldición!

Mince !

recogedor

la pelle

bote de pintura

le pot de peinture

tornillos

les vis

instrumentos musicales
les instruments de musique

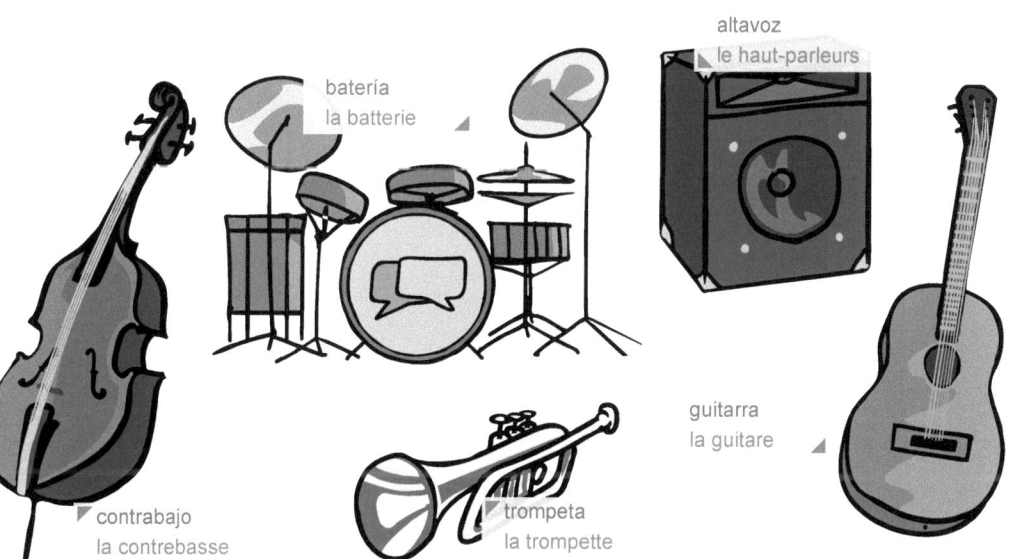

altavoz
le haut-parleurs

batería
la batterie

guitarra
la guitare

contrabajo
la contrebasse

trompeta
la trompette

piano

le piano

violín

le violon

bajo

la basse

timbales

les timbales

tambor

le tambour

teclado

le piano électrique

saxofón

le saxophone

flauta

la flûte

micrófono

le microphone

entrada
l'entrée

tigre
le tigre

jaula
la cage

cebra
le zèbre

alimento para animales
l'alimentation animale

oso panda
le panda

animales

les animaux

elefante

l'éléphant

canguro

le kangourou

rinoceronte

le rhinocéros

gorila

le gorille

oso

l'ours

camello

le chameau

avestruz

l'autruche

león

le lion

mono

le singe

flamenco

le flamand rose

loro

le perroquet

oso polar

l'ours polaire

pingüino

le pingouin

tiburón

le requin

pavo real

le paon

serpiente

le serpent

cocodrilo

le crocodile

guardián de zoológico

le gardien de zoo

foca

le phoque

jaguar

le jaguar

poni

le poney

leopardo

le léopard

hipopótamo

l'hippopotame

jirafa

la girafe

águila

l'aigle

jabalí

le sanglier

pescado

le poisson

tortuga

la tortue

morsa

le morse

zorro

le renard

gacela

la gazelle

fútbol americano
l'american Football

ciclismo
le cyclisme

tenis
le tennis

baloncesto
le basket-ball

natación
la natation

boxeo
la boxe

hockey sobre hielo
le hockey sur glace

fútbol
le football

bádminton
le badminton

atletismo
l'athlétisme

handball
le handball

esquí
le ski

polo
le polo

actividades
les activités

saltar
sauter
abrazar
embrasser
reír
rire
caminar
marcher
cantar
chanter
soñar
rêver
rezar
prier
besar
faire la bise

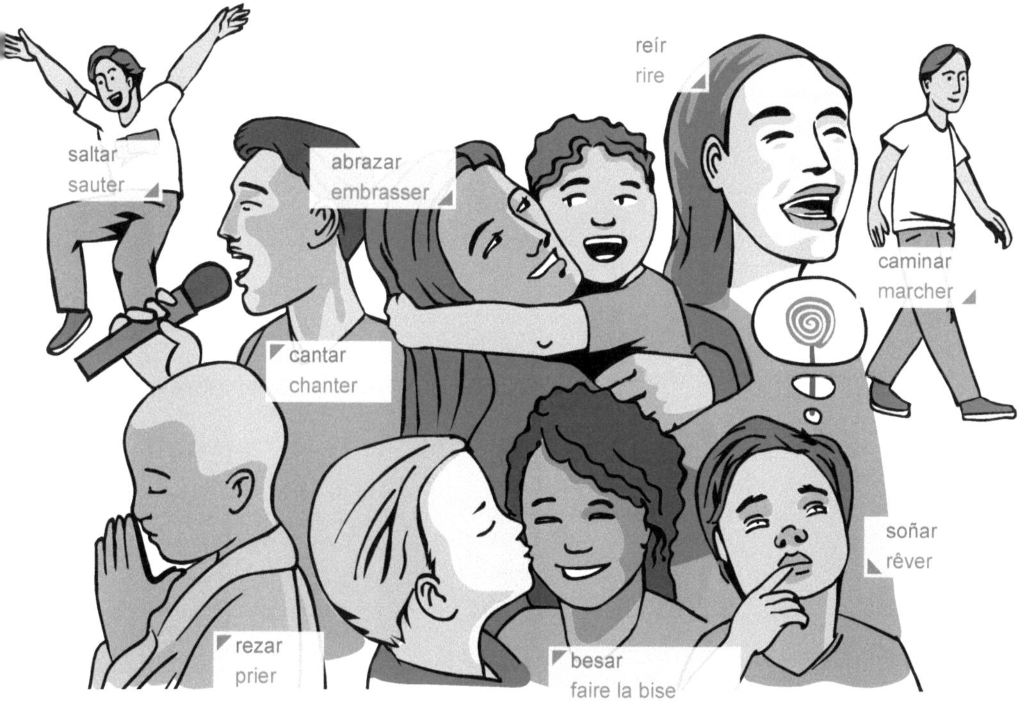

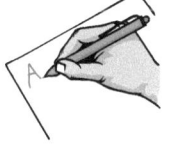

escribir

écrire

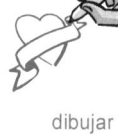

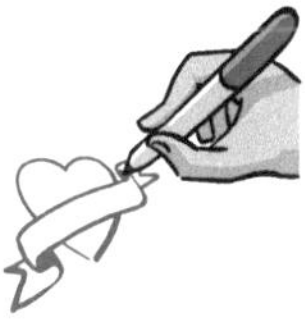

dibujar

dessiner

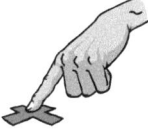

mostrar

montrer

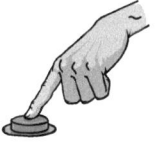

empujar

pousser

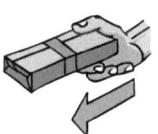

dar

donner

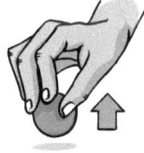

tomar

prendre

tener
avoir

hacer
faire

ser
être

estar parado
être debout

correr
courir

jalar
trier

arrojar
jeter

caer
tomber

estar acostado
être couché

esperar
attendre

llevar
porter

estar sentado
être assis

vestirse
s'habiller

dormir
dormir

despertar
se réveiller

mirar

regarder

llorar

pleurer

acariciar

caresser

peinar

peigner

hablar

parler

entender

comprendre

preguntar

demander

escuchar

écouter

beber

boire

comer

manger

ordenar

ranger

amar

aimer

cocinar

cuire

conducir

conduire

volar

voler

navegar

faire de la voile

calcular

calculer

leer

lire

aprender

apprendre

trabajar

travailler

casarse

se marier

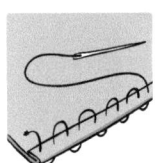

coser

coudre

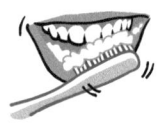

cepillarse los dientes

brosser les dents

matar

tuer

fumar

fumer

enviar

envoyer

familia
la famille

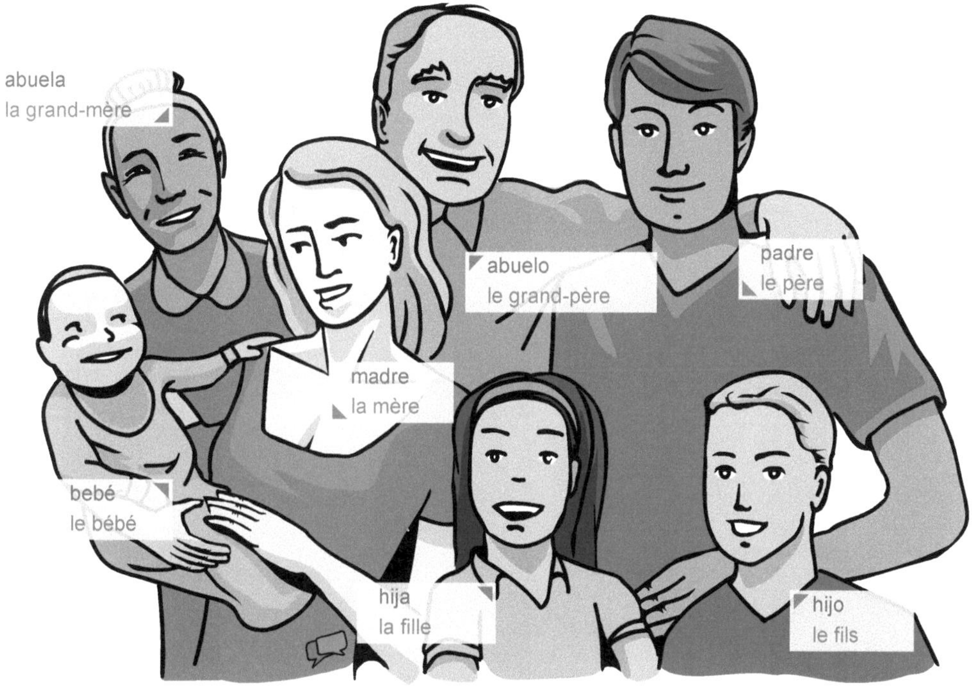
abuela
la grand-mère
abuelo
le grand-père
padre
le père
madre
la mère
bebé
le bébé
hija
la fille
hijo
le fils

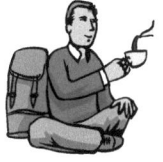

invitado

l'hôte

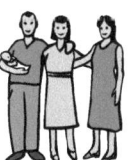

tía

la tante

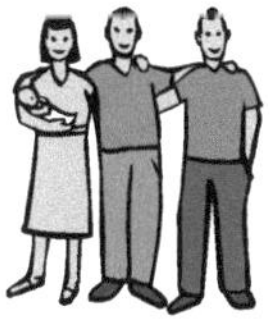

tío

l'oncle

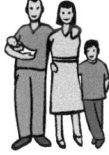

hermano

le frère

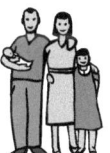

hermana

la sœur

cuerpo
le corps

frente
le front
ojo
l'œil
hombro
l'épaule
dedo
le doigt
cara
le visage
barbilla
le menton
mano
la main
pierna
la jambe
pecho
la poitrine
brazo
le bras

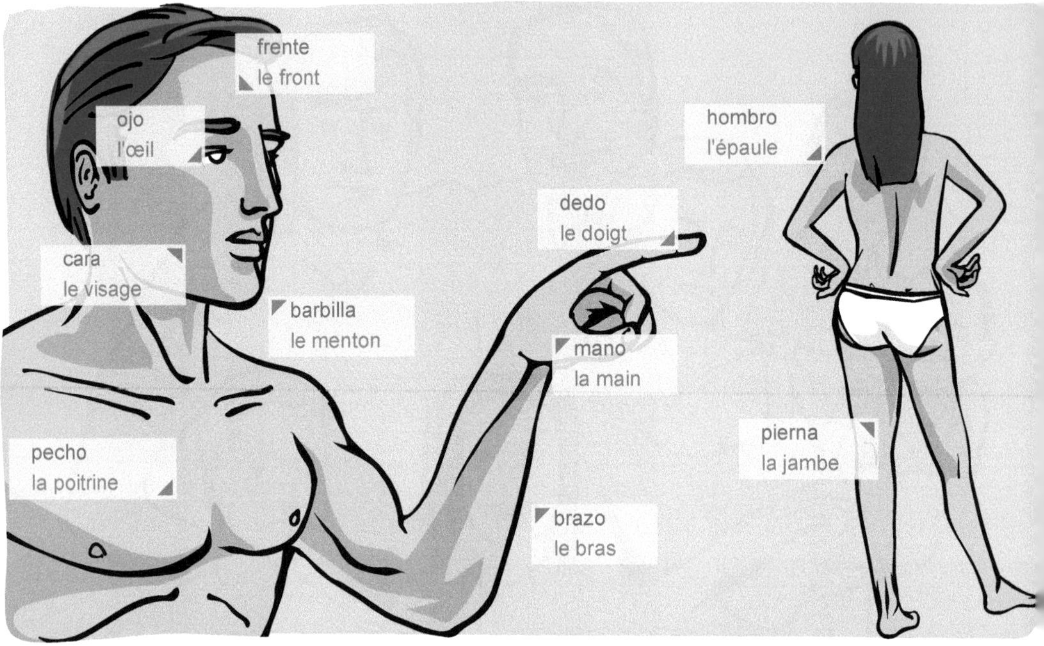

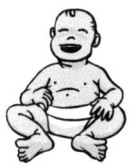

bebé

le bébé

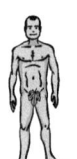

hombre

l'homme

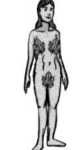

mujer

la femme

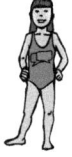

niña

la fille

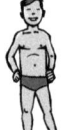

niño

le garçon

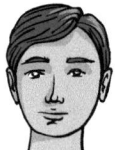

cabeza

la tête

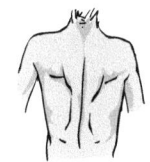

espalda

le dos

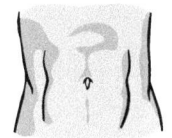

barriga

le ventre

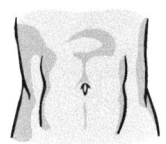

ombligo

le nombril

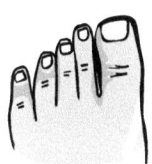

dedo dpie

l'orteil

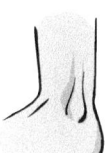

talón

le talon

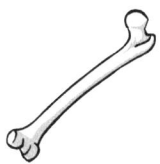

hueso

l'os

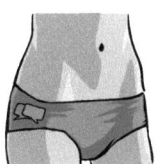

cadera

la hanche

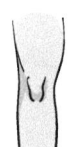

rodilla

le genou

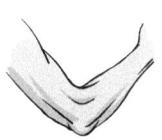

codo

le coude

nariz

le nez

pompis

les fesses

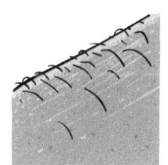

piel

la peau

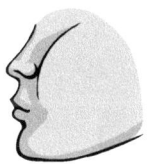

mejilla

la joue

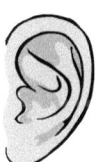

oído

l'oreille

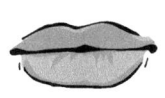

labio

la lèvre

cuerpo - le corps

boca
la bouche

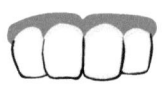

diente
la dent

lengua
la langue

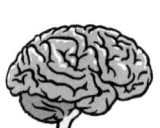

cerebro
le cerveau

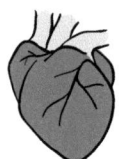

corazón
le cœur

músculo
le muscle

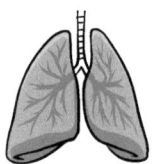

pulmón
les poumons

hígado
le foie

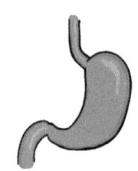

estómago
l'estomac

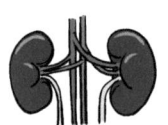

riñones
les reins

sexo
le rapport sexuel

condón
le préservatif

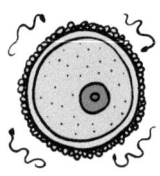

óvulo
l'ovule

semen
le sperme

embarazo
la grossesse

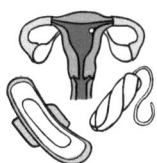

menstruación

la menstruation

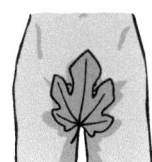

vagina

le vagin

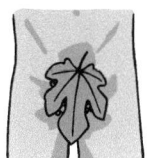

pene

le pénis

ceja

le sourcil

cabello

les cheveux

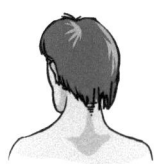

cuello

le cou

hospital

l'hôpital

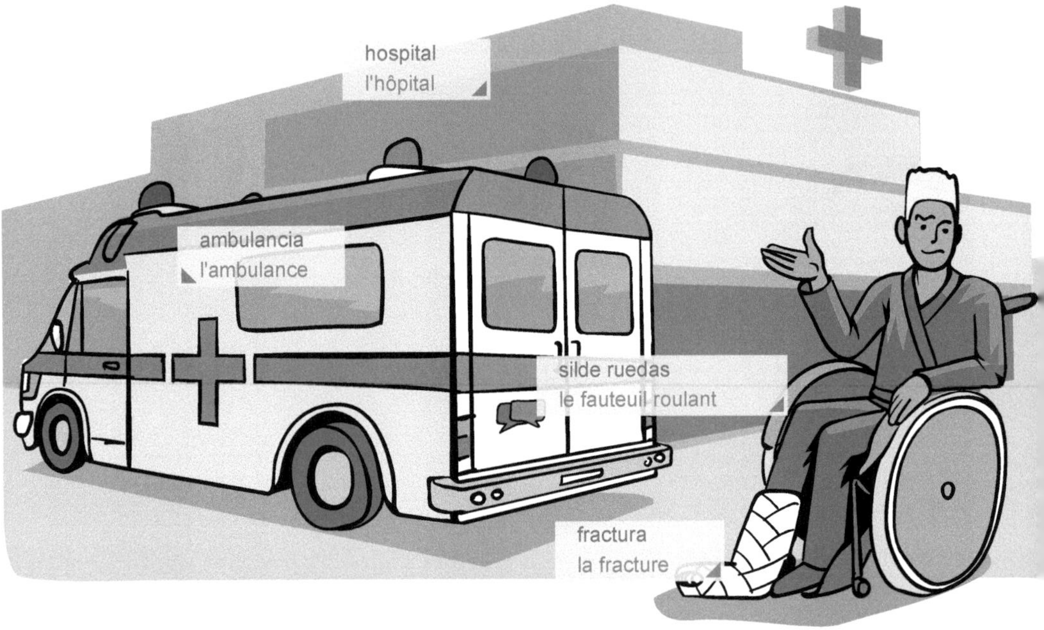

hospital
l'hôpital
ambulancia
l'ambulance
silde ruedas
le fauteuil roulant
fractura
la fracture

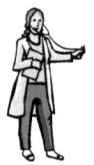

médico

le médecin

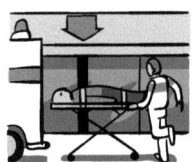

sade emergencias

le service des urgences

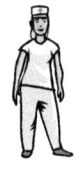

enfermera

l'infirmière

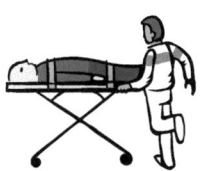

emergencia

l'urgence

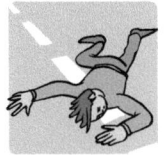

inconsciente

inconscient

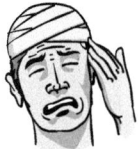

dolor

la douleur

lesión

la blessure

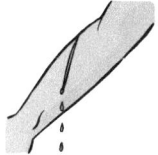

hemorragia

l'hémorragie

infarto

la crise cardiaque

accidente cerebrovascular

l'attaque cérébrale

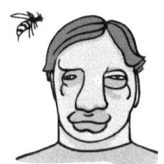

alergia

l'allergie

tos

la toux

fiebre

la fièvre

gripa

la grippe

diarrea

la diarrhée

dolor de cabeza

le mal de tête

cáncer

le cancer

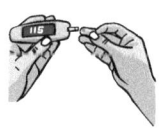

diabetes

le diabète

cirujano

le chirurgien

bisturí

le scalpel

operación

l'opération

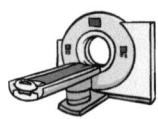

TC
....
le CT

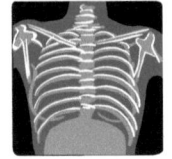

rayos x
....
la radiographie

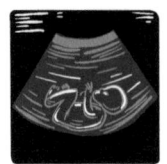

ultrasonido
....
l'échographie

mascarilla
....
le masque

enfermedad
....
la maladie

sade espera
....
la salle d'attente

muleta
....
la béquille

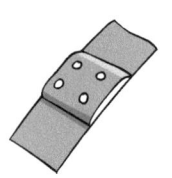

vendita
....
le pansement

vendaje
....
le pansement

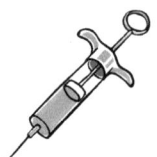

inyección
....
l'injection

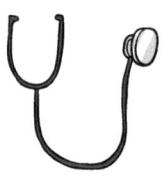

estetoscopio
....
le stéthoscope

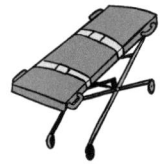

camilla
....
le brancard

termómetro
....
le thermomètre

nacimiento
....
l'accouchement

sobrepeso
....
la surcharge pondérale

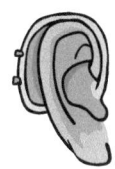

audífono

l'appareil auditif

desinfectante

le désinfectant

infección

l'infection

virus

le virus

VIH / SIDA

le VIH / le sida

medicina

le médicament

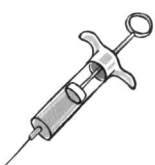

vacunación

la vaccination

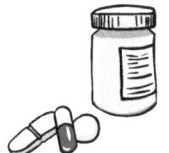

tabletas

les comprimés

pastilanticonceptiva

la pilule

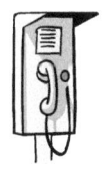

llamada de emergencia

l'appel d'urgence

medidor de presión

le tensiomètre

enfermo / sano

malade / sain

¡Socorro!

Au secours !

alarma

l'alarme

agresión

l'assaut

ataque

l'attaque

peligro

le danger

salida de emergencia

la sortie de secours

¡Fuego!

Au feu!

extintor de incendios

l'extincteur

accidente

l'accident

botiquín de primeros
auxilios

la trousse de premier
secours

SOS

SOS

policía

la police

Europa

l'Europe

Norteamérica

l'Amérique du Nord

Sudamérica

l'Amérique du Sud

África

l'Afrique

Asia

l'Asie

Australia

l'Australie

Atlántico

l'Océan atlantique

Pacífico

l'Océan pacifique

Océano Índico

l'Océan indien

Océano Antártico

l'Océan antarctique

Océano Ártico

l'Océan arctique

polo norte

le Pôle nord

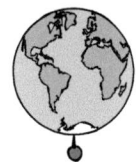

polo sur

le Pôle sud

Antártida

l'Antarctique

tierra

la terre

tierra

le pays

mar

la mer

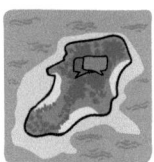

isla

l'île

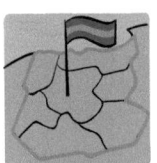

nación

la nation

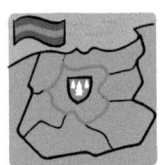

estado

l'état

esfera

le cadran

manecilde las horas

l'aiguille des heures

minutero

l'aiguille des minutes

segundero

l'aiguille des secondes

¿Qué hora es?

Quelle heure est-il ?

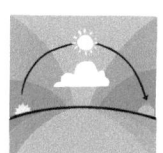

día

le jour

hora

le temps

ahora

maintenant

reloj digital

la montre digitale

minuto

la minute

hora

l'heure

semana

la semaine

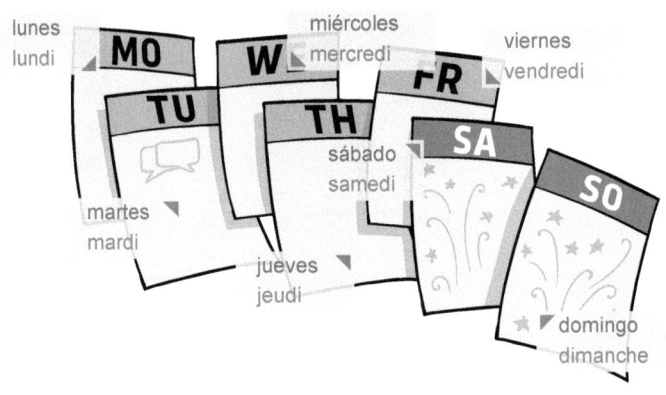

lunes
lundi

miércoles
mercredi

viernes
vendredi

martes
mardi

sábado
samedi

jueves
jeudi

domingo
dimanche

ayer

hier

hoy

aujourd'hui

mañana

demain

mañana

le matin

mediodía

le midi

tarde

le soir

MO	TU	WE	TH	FR	SA	SU
1	2	3	4	5	6	7
8	9	10	11	12	13	14
15	16	17	18	19	20	21
22	23	24	25	26	27	28
29	30	31	1	2	3	4

días laborables

les jours ouvrables

MO	TU	WE	TH	FR	SA	SU
1	2	3	4	5	6	7
8	9	10	11	12	13	14
15	16	17	18	19	20	21
22	23	24	25	26	27	28
29	30	31	1	2	3	4

fin de semana

le week-end

lluvia
la pluie

arco iris
l'arc-en-ciel

nieve
la neige

viento
le vent

primavera
le printemps

otoño
l'automne

verano
l'été

invierno
l'hiver

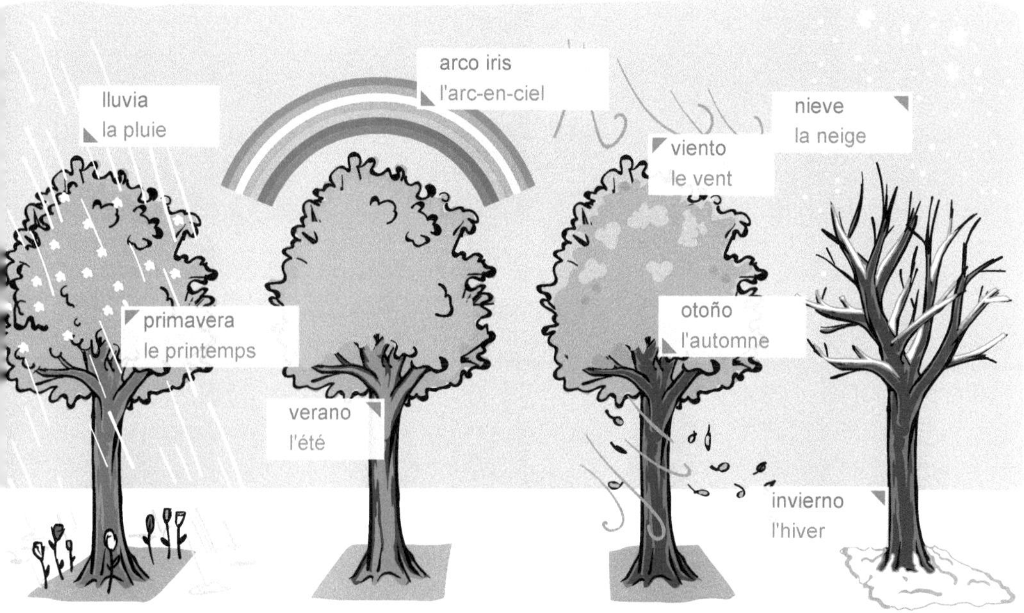

pronóstico dtiempo

la météo

termómetro

le thermomètre

sol

la lumière du soleil

nube

le nuage

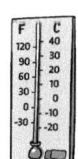

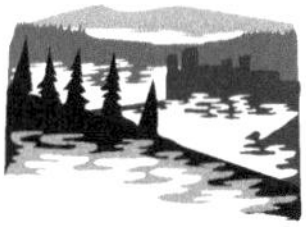

niebla

le brouillard

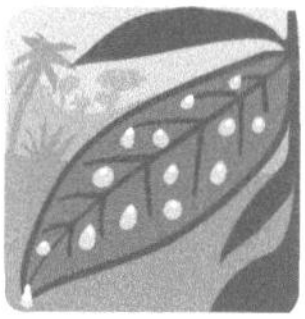

humedad

l'humidité

rayo

la foudre

trueno

la tonnerre

tormenta

la tempête

granizo

la grêle

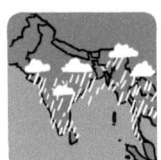

monzón

la mousson

inundación

l'inondation

hielo

la glace

enero

janvier

febrero

février

marzo

mars

abril

avril

mayo

mai

junio

juin

julio

juillet

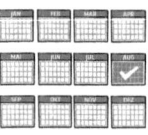

agosto

août

septiembre
septembre

octubre
octobre

noviembre
novembre

diciembre
décembre

formas
les formes

círculo
le cercle

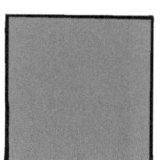

cuadrado
le carré

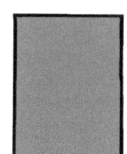

rectángulo
le rectangle

triángulo
le triangle

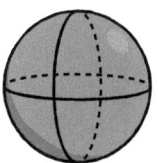

esfera
la sphère

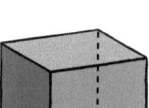

cubo
le cube

blanco

blanc

amarillo

jaune

naranja

orange

rosa

rose

rojo

rouge

morado

violet

azul

bleu

verde

vert

marrón

marron

gris

gris

negro

noir

mucho / poco

beaucoup / peu

enojado / tranquilo

fâché / calme

bonito / feo

joli / laid

principio / fin

le début / la fin

grande / pequeño

grand / petit

claro / oscuro

clair / obscure

hermano / hermana

frère / soeur

limpio / sucio

propre / sale

completo / incompleto

complet / incomplet

día / noche

le jour / la nuit

muerto / vivo

mort / vivant

ancho / angosto

large / étroit

comestible / no comestible

comestible / incomestible

malo / amable

méchant / gentil

entusiasmado / aburrido

excité / ennuyé

gordo / delgado

gros / mince

primero / último

le premier / le dernier

amigo / enemigo

l'ami / l'ennemi

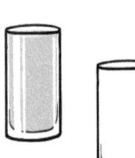

lleno / vacío

plein / vide

duro / blando

dur / souple

pesado / ligero

lourd / léger

hambre / sed

faim / soif

enfermo / sano

malade / sain

ilegal / legal

illégal / légal

inteligente / tonto

intelligent / stupide

izquierda / derecha

gauche / droite

cerca / lejos

proche / loin

nuevo / usado
....
nouveau / usé

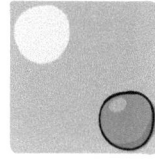

nada / algo
....
rien / quelque chose

viejo / joven
....
vieux / jeune

encendido / apagado
....
marche / arrêt

abierto / cerrado
....
ouvert / fermé

silencioso / ruidoso
....
faible / fort

rico / pobre
....
riche / pauvre

correcto / incorrecto
....
correct / incorrect

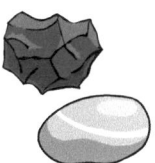

áspero / suave
....
rugueux / lisse

triste / contento
....
triste / heureux

corto / largo
....
court / long

lento / rápido
....
lent / rapide

húmedo / seco
....
mouillé / sec

caliente / frío
....
chaud / froid

guerra / paz
....
la guerre / la paix

0

cero

zéro

1

uno

un / une

2

dos

deux

3

tres

trois

4

cuatro

quatre

5

cinco

cinq

6

seis

six

7

siete

sept

8

ocho

huit

9

nueve

neuf

10

diez

dix

11

once

onze

12

doce

douze

13

trece

treize

14

catorce

quatorze

15

quince

quinze

16

dieciséis

seize

17

diecisiete

dix-sept

18

dieciocho

dix-huit

19

diecinueve

dix-neuf

20

veinte

vingt

100

cien

cent

1.000

mil

mille

1.000.000

millón

le million

inglés

l'anglais

inglés americano

l'anglais américain

chino mandarín

le chinois mandarin

hindi

le hindi

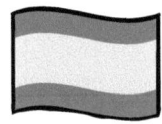

español

l'espagnol

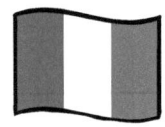

francés

le français

árabe

l'arabe

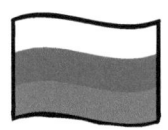

ruso

le russe

portugués

le portugais

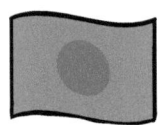

bengalí

le bengali

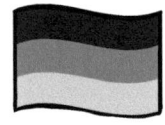

alemán

l'allemand

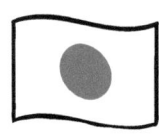

japonés

le japonais

yo

je

tú

tu

él / ella

il / elle / ce, c', cela

nosotros

nous

vosotros

vous

ellos

ils / elles

¿quién?

Qui ?

¿qué?

Quoi ?

¿cómo?

Comment ?

¿dónde?

Où ?

¿cuándo?

Quand ?

nombre

le nom

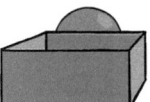

detrás
....
derrière

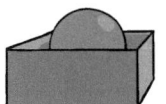

en
....
dans

delante de
....
devant

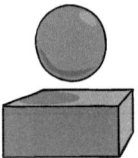

por encima de
....
au-dessus

sobre
....
sur

debajo de
....
en-dessous

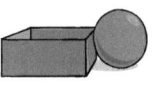

junto a
....
à côté de

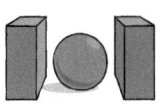

entre
....
entre

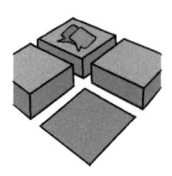

lugar
....
le lieu